Inhalt

Kritische Gründungsphase - Strategien für die erfolgreiche Unternehmensgründung

Kernthesen

Beitrag

Fallbeispiele

Weiterführende Literatur

Impressum

Kritische Gründungsphase - Strategien für die erfolgreiche Unternehmensgründung

Michaela Dengl

Kernthesen

- Studien beweisen, dass die Hälfte aller Unternehmensgründungen in den ersten fünf Jahren scheitert.
- Gründe hierfür sind laut Experten mangelnde Vorbereitung, keine Branchenerfahrung und falsche Strategien.
- Doch mit einer nachhaltigen Unternehmensstrategie, einer fundierten Finanzierung und dem richtigen

Marketingkonzept lassen sich die Risiken minimieren.

Beitrag

Häufig Fehler bei der Unternehmensgründung

Statistiken belegen, dass 50 Prozent der in einem Jahrgang gegründeten Unternehmen innerhalb von fünf Jahren scheitern. Dabei können die Unternehmensgründer einiges tun, um ihr Geschäft nachhaltig zu führen und ein Scheitern zu verhindern. Denn in den meisten Fällen sind nicht etwa die Wirtschaftskrise oder Konjunkturschwächen für Geschäftsschließungen verantwortlich, sondern unternehmerische Fehler, die nicht selten bereits im Vorfeld der Gründung geschehen. Nach Ansicht von Gründungs- und Mittelstandsexperten entscheiden sich viele Unternehmensgründer nämlich schon für die falsche Branche. Besonders beliebt sind Wirtschaftszweige wie die Gastronomie oder einfache Dienstleistungen. Dort herrscht allerdings die größte Konkurrenz und Fluktuation, so dass von Haus aus nur die wenigsten bestehen können. Außerdem starten viele ohne Branchenerfahrung, mit mangelnden betriebswirtschaftlichen Kenntnissen und ohne Geschäftsplan. Fehlende oder falsche Strategien, Marketingfehler und finanzielle Probleme sind ebenfalls häufige Gründe für einen Misserfolg. Nicht wenige Unternehmen scheitern darüber hinaus aus persönlichen Gründen. Der falsche Geschäftspartner oder eine Gründung im Team bergen hier besondere Risiken. Im Laufe der Jahre entwickeln sich Partner auseinander oder werden sich nicht über die zukünftige Geschäftsstrategie einig. Eine frühzeitige Trennung ist in diesen Fällen oftmals für das Unternehmen besser. Und selbst wenn ein Unternehmen in den ersten zwei Jahren gut anläuft, droht noch Gefahr, weil sich gerade dann oft Unachtsamkeit und Nachlässigkeit einschleichen. Dies zeigen die Ergebnisse einer Studie des Zentrums für Europäische Wirtschaftsforschung (ZEW) in Mannheim. [(1)](), [(2)]()

Handlungsempfehlungen für Unternehmensgründer

Die gründliche Planung einiger wichtiger Parameter ist essenziell, wenn man sich entscheidet, eine eigene Firma zu gründen. Will man ein Unternehmen nachhaltig führen, sollten sich die Gründer grundsätzlich über ihre Unternehmensstrategie im Klaren sein. Oft werden aus falscher Angst keine oder nur unzureichende strategische Entscheidungen getroffen. Es hilft bereits, wenn die Unternehmer anfangs und dann mindestens einmal im Jahr über die zukünftige Entwicklung ihres Unternehmens nachdenken und im Zuge dessen bindende Unternehmensstrategien entwickeln. Damit man gegebenenfalls rechtzeitig die Hebel umlegen kann und die richtigen strategischen Konsequenzen zieht, kann hier natürlich auch mal Flexibilität gefordert sein. Wo wird das meiste Geld verdient? Wo kann eingespart werden? Welche Kundengruppen sollen angesprochen werden? Dies sind nur einige der Fragen, die für die Erfolgsstrategie eines Unternehmens geklärt werden müssen.

Aus der Unternehmensstrategie resultiert natürlich auch die Wahl der richtigen Marketing- und Vertriebsstrategie. Werbung und Marketing sind für jedes Unternehmen essentiell. Hier helfen eingehende Marktanalysen für die Wahl der passenden Strategie. Dabei müssen es durchaus nicht immer aufwändige und teure Marketingaktionen sein. Gerade für Jungunternehmer ist es beispielsweise oft günstiger, das Internet gezielt zur Vermarktung zu nutzen. Eine eigene Homepage und eine entsprechende Suchmaschinenoptimierung gehören heute beinahe zum Handwerkszeug.

Besonders wichtig ist eine solide Finanzierung. Viele

Jungunternehmer sind systematisch unterkapitalisiert. Sie können sich vielfach nur auf ihr Eigenkapital und die erhofften Einnahmen stützen. Die monatlichen Ausgaben werden bei der Kalkulation oft nur unzureichend berücksichtigt. Die Umsätze sind in der Anfangszeit aber erfahrungsgemäß meist noch gering und ein Bank- oder ein Förderkredit hat eigentlich nur den Sinn, finanzielle Engpässe zu überbrücken. Für die Gründer ist also eine kontinuierliche Liquiditätsbetrachtung essentiell, damit sie immer zeitnah einen Gesamtüberblick über ihre finanzielle Situation haben. Kontostand, offene Rechnungen, Kosten, Privatentnahmen und individuelle Kennzahlen müssen stets aktuell und parat sein. (1), (2)

Förderbanken unterstützen Unternehmensgründung

Die Finanzkrise hat dazu geführt, dass Banken nur ungern ihre Gelder in Start-Up Unternehmen investieren. Eine Studie der KfW Bank bestätigt diese Entwicklung. Kredite von Förderbanken sind gegebenenfalls eine gute Finanzierungsalternative für Unternehmensgründer, denn besonders in der Startphase fehlen oft noch ausreichend finanzielle Mittel. Die Förderbanken unterstützen mit ihren, grundsätzlich etwas günstigeren Krediten, oftmals gezielt Unternehmensgründer. Ein Beispiel hierfür sind die LSI-Pre-Seed Fonds GmbH, die Seed Fonds Initiative und der Venture Fonds der NRW-Bank. Mit Hilfe dieser Fonds werden Gründung und Frühphase junger Hightechfirmen mit Beteiligungskapital gefördert. Um die geringe Kapitalausstattung für Gründer zu verbessern, hat die NRW-Bank die Seed Fonds Initiative gestartet. Dieser Fonds hat ein Volumen von 30 Millionen Euro und unterstützt technologieorientierte Gründungen mit bis zu 500 000 Euro. Sollte das Unternehmen erfolgreich sein, kann der Betrag gegebenenfalls erhöht werden. Für Unternehmensgründungen in den Branchen Werbung, Verlag, Design, Musik und Architektur steht ein gesonderter Fond zur Verfügung. Auch andere Förderbanken unterstützen entsprechende Förderprogramme. (3)

Tipps und Seminare zur Gründung von Unternehmen

Damit die Unternehmensgründung gelingt, bieten diverse private Beratungsunternehmen aber auch IHKs und einzelne Länder, Kommunen und Städte Seminare zur Unternehmensgründung an. Lässt man sich bei der Vorbereitung eines Gründungsvorhabens von Unternehmens- bzw. Existenzgründungsberatern helfen, unterstützt eine Reihe von Bundesländern sogar mit Zuschüssen zu den Beratungskosten. (4)

Trends

Unternehmensgründungen aus der Hochschule

Für eine Wirtschaftsnation wie Deutschland ist Wissen ist "der" Rohstoff für wirtschaftliches Wachstum und technischen Fortschritt, der als Innovation im Markt ankommen sollte. Unternehmensgründungen aus der Hochschule heraus entwickeln sich daher immer mehr zu einer besonders wichtigen und effektiven Form, Wissen in eine praktische Anwendung überzuführen. Bereits jetzt machen sich rund 10 Prozent der Gründer mit einer Idee selbständig, die sie an einer Hochschule entwickelt haben. Eine Untersuchung des Zentrums für Europäische Wirtschaftsforschung (ZEW) hat zudem gezeigt, dass insbesondere im Hightechbereich Unternehmensgründungen aus der Hochschule heraus besonders effektiv sind. Bei 20 Prozent der Unternehmen, die ein Hightech-Unternehmen gründen, war ein Gründer vorher an einer Hochschule tätig. Daher gilt es den effektiven und effizienten Wissenstransfer von der Hochschule in den Markt in den nächsten Jahren noch gezielt zu fördern. (3)

Fallbeispiele

Uni-Absolventen als Unternehmensgründer

Viele Hochschulabsolventen können es sich durchaus vorstellen sofort nach ihrem Abschluss selbständig zu werden. Die meisten allerdings unterschätzen die damit einhergehenden Risiken. An der Universität in Wien werden jetzt Absolventen auf die Chancen und Gefahren einer Gründung gezielt hingewiesen. Mit Hilfe eines Orientierungsworkshops werden grundlegende Fragen wie Was ist eine gute Geschäftsidee? besprochen. Danach folgen zehn Seminare wo Themen wie Businesspläne, Marketing, Recht und Finanzen behandeln. Zusätzlich gibt es ein Mentorenprogramm, wo erfahrene Unternehmer ihre Schützlinge beraten. Ein ähnliches Projekt existiert bereits für Jugendliche im Alter von 16 bis 19 Jahren. Die Gemeinde Kriftel organisiert gemeinsam mit dem Verein Wirtschaftspaten ein Unternehmensplanspiel. Dort können Interessierte mit Führungskräften aus Wirtschaftsunternehmen reden. (6), (7)

Unternehmensgründung mit Familienkonzept

Die Unternehmensberaterin Carola Bill konnte mit ihrem Unternehmen "kidiconcepts" im letzten Jahr den zweiten Platz beim Wiesbadener Gründerpreis erzielen. Die erfolgreiche Unternehmensgründerin berät andere Firmen und in diesem Fall ein Einkaufszentrum im Bereich Familienfreundlichkeit. Sie erstellt ein Konzept, wie das Einkaufszentrum langfristig familienfreundlicher gestaltet werden kann. Familien sollen sich länger darin aufhalten und so für mehr Umsatz sorgen. Kidiconcepts entwickelt Ideen und präsentiert diese dem Kunden. (8)

Unternehmensgründung in der Kosmetikbranche

Der ehemalige Sprecher des Finanzdienstleister Delta Lloyd Deutschland und DBV-Winterthur, Mathias Oldhaber, hat sich mit einem Unternehmen in der Kosmetikbranche, der Dr. Oldhaver GmbH, selbständig gemacht. Er verkauft Naturkosmetik und Nahrungsergänzungsmittel und setzt dabei auf Produkte aus dem ökologischen Anbau in Afrika, Swaziland. Dabei möchte er dem deutschen

Qualitätsstandard gerecht werden. Gemeinsam mit seiner erfolgreichen Partnerin Kim Weisswange entwickelt er eigene Kreationen. Bisher managt der Unternehmer Finanzen, Logistik, Marketing und Vertrieb noch alleine. Langfristig möchte sich der Unternehmensgründer neben den Traditionsmarken Weleda und Dr. Hauschka etablieren. (9)

Seminare zur Unternehmensgründung

Für alle, die ein Unternehmen gründen wollen oder bereits eines gegründet haben, bietet das Institut für Unternehmensgründung W. Nelles dreitägige Seminare an. Dabei werden Themen wie Marketing, Steuer, Fördergelder, Kalkulation und mehr behandelt. Die Teilnehmer erhalten wertvolle Tipps wie die Arbeitsagentur die Gründer bezuschusst und welche Programme es für Gründungen von Hochschulabsolventen gibt. (5)

Weiterführende Literatur

(1) Strategie - Vom Gründer zum Unternehmer aus ProFirma, Vol. 14, Heft 09/2011, S. 24-33

(2) Unternehmensgründung In drei Schritten zum

erfolgreichen Makler
aus Kurs Nr. 08 vom 01.08.2011 Seite 022

(3) Die Wissensgesellschaft braucht Förderbanken Unternehmensgründung aus der Uni heraus ist besonders effektiv
aus Börsen-Zeitung, 07.05.2011, Nummer 88, Seite B5

(4) Existenzgründung - Schrittweise in die Selbständigkeit
aus Börsen-Zeitung, 07.05.2011, Nummer 88, Seite B5

(5) Seminare zur Unternehmensgründung in Saarbrücken
aus Saarbrücker Zeitung vom 29.08.2011

(6) Ideen gesucht: Uni-Absolventen sollen Gründer werden MEDIEN Programm der Uni Wien soll Startschwierigkeiten bei der Unternehmensgründung überwinden helfen
aus WirtschaftsBlatt, 01.04.2011, Nr. 3832, S. 38

(7) Ferienangebot - Jugendliche üben Unternehmensgründung
aus Hofheimer Zeitung vom 06.05.2011

(8) Ideen für die ganze Familie - GRÜNDUNG Carola Bill aus Bärstadt berät Unternehmen
aus Aar-Bote vom 04.03.2011

(9) "Noch ist die Firma ein teures Hobby" - UNTERNEHMENSGRÜNDUNG Mathias Oldhaver steigt mit einer eigenen Serie in die Kosmetikbranche

ein
aus Wiesbadener Kurier vom 15.06.2011

Impressum

Kritische Gründungsphase - Strategien für die erfolgreiche Unternehmensgründung

Bibliografische Information der deutschen Nationalbibliothek

Die Deutsche Nationalbibliothek verzeichnet diese Publikation in der deutschen Nationalbibliografie; detaillierte bibliografische Daten sind im Internet über http://dnb.d-nb.de abrufbar.

ISBN: 978-3-7379-1279-2

© 2015 GBI-Genios Deutsche Wirtschaftsdatenbank GmbH, Freischützstraße 96, 81927 München, www.genios.de

Alle Rechte vorbehalten. Dieses Werk ist einschließlich aller seiner Teile – z.B. Texte, Tabellen und Grafiken - urheberrechtlich geschützt. Jede Verwertung außerhalb der Grenzen des Urheberrechtsgesetzes bedarf der vorherigen Zustimmung des Verlags. Dies gilt insbesondere auch für auszugsweise Nachdrucke, fotomechanische

Vervielfältigungen (Fotokopie/Mikroskopie), Übersetzungen, Auswertungen durch Datenbanken oder ähnliche Einrichtungen und die Einspeicherung und Verarbeitung in elektronischen Systemen.